DISCOURS

PRONONCÉ *par françois*

Par le Commissaire du Directoire exécutif près l'Administration centrale du Département du Nord, à la Fête funéraire décrétée par le Corps législatif, en honneur des Plénipotentiaires ROBERJOT et BONNIER, assassinés à Rastadt, le 9 Floréal an VII.

CITOYENS,

QUE nouveaux Prométhées, les Français aient été la première nation de l'Europe moderne qui a eu le courage de rallumer le feu sacré de la liberté ; que la majeure partie des rois se soient coalisés pour l'éteindre ; qu'à cet effet ils aient couvert nos frontières de leurs armées, qui simultanément ou tour-à-tour, furent par nous vaincues et dispersées ; ces grands événemens doivent peu surprendre, puisqu'ils tenaient à la nature des hommes et des choses ; c'est-à-dire, que les Français qui combattaient pour maintenir leur liberté, ne pouvaient manquer de terrasser les hordes d'esclaves mercenaires, que des tyrans faisaient mouvoir contre leur gré : tel est l'apperçu de notre situation politique jusqu'au traité de Léoben. A cette époque, il semblait que la continuité de nos succès, la supériorité de notre tactique, l'irrésistibilité de notre valeur et l'étendue de nos conquêtes, devaient avoir suffisamment prouvé au tyran de l'Autriche, que si, en lui cédant des pays que nous avions envahis, nous consentions à remettre l'épée dans le fourreau ; l'humanité et non la crainte, la pitié et non la lassitude avaient pu seuls nous persuader de mettre un terme à nos exploits dans les plaines de Campo-Formio. Après les sacrifices volontaires qu'une générosité qui nous est naturelle, nous fit faire sous les hospices de la bonne-foi, qui de nous, Citoyens, aurait pu penser, qu'abusant de la sainteté des traités, la rage délirante des rois coalisés, s'apprêtait à se faire une armée contre nous, de cette même générosité, en nous faisant tracer le sillon dans lequel l'infame roi de Bohême se proposait de déposer le germe du forfait atroce dont il vient de se souiller aux yeux de l'Europe étonnée ? Il est d'une nature si révoltante ce forfait, soit dans ses apprêts, soit dans son exécution, que la postérité doutera peut-être un jour de la véracité de l'histoire. En ce moment même, j'éprouve en y pensant le frisson de l'horreur, et ma voix, d'accord avec mon cœur, se refuserait de vous en retracer les détails si un devoir pénible ne m'y obligeait en ce jour

O vous ! qui vous êtes appliqués à nourrir votre imagination des idées les plus grandiôses sur les perfections de l'homme, couvrez-vous un moment de votre manteau ; je vais mettre à découvert l'infernal génie d'un homme-roi ; et vous autres, qui fûtes doués d'une ame sensible, présent à-la-fois funeste et précieux, laissez couler vos larmes ; la patrie en deuil répond à vos sanglots.

Le Gouvernement Français voulant accéder aux vœux des Nations, en donnant à l'Europe une paix solide, avait envoyé à Rastadt trois plénipotentiaires pour y discuter, au nom de la République, sur les prétentions respectives des états de la Germanie et de ses alliés : tout, dès le principe de ce congrés, semblait annoncer qu'un heureux succès aurait couronné l'attente des Nations belligérantes : vain espoir, les rois, comme les dieux du Ténare, ne consentent à lâcher leur proie que lorsqu'ils y sont contraints par une force surnaturelle : bientôt succèdent aux moyens dilatoires des propositions perfides et astucieuses, employées à dessein de gagner du temps, c'est-à-dire, de laisser mûrir le crime. La cour de Vienne, fidèle dans son système de perfidie, voyant ses armées affaiblies, sur le point d'être recrutées, devenait de jour en jour plus exigeante. Enfin, le moment étant arrivé où elle crut ses forces suffisantes pour n'avoir plus rien à redouter, elle se montra avec audace et osa même annoncer que la présence du congrés à Rastadt ne protégeait point cette ville contre les événemens de la guerre. De cette violation du droit des gens à l'attentat qui devait la suivre, l'intervalle était encore immense. Cependant toute espèce de négociation aurait dû être rompue dès ce moment, mais à quels sacrifices le bonheur des hommes ne peut-il pas nous engager ? Ce fut, n'en doutons point, ce sentiment généreux qui persuada le Directoire d'ordonner aux plénipotentiaires de faire un dernier effort. Pouvait-il, hélas ! s'imaginer qu'il les condamnait alors à rester sur le cratère d'un volcan dont la lave allait les engloutir. En effet, l'on vit peu de temps après les troupes Autrichiennes se répandre dans les environs de Rastadt, et bientôt après entrer en vainqueurs dans cette ville sans défense. Les envoyés de la République Française convaincus par cette violation, de l'impossibilité d'achever leur mission, rompirent les négociations et ne s'occupèrent plus que de leur départ qui fut incontinent préparé.

Le 9 floréal arrivé, les heures toujours dociles à la voix du temps en parcourant avec exactitude leur carrière circulaire, avertirent enfin la nuit d'étendre sur l'horizon son voile ténébreux : le son de la cloche s'était fait entendre neuf fois, lorsque nos plénipotentiaires sortirent de Rastadt; la mort attentive suivait leurs pas..... le crime était debout..... les parques étaient prêtes.... Ils étaient à peine à cinquante pas de la ville, lorsque leurs voitures furent entourées par des hussards Autrichiens: aussitôt ces monstres les arrachent des bras de leur femme et de leurs enfans éplorés, et les poignardent impitoyablement à leurs yeux!..... *Jean Debry*, après avoir essuyé un grand nombre de blessures, s'échappa miraculeusement des bras de la mort: la même faveur n'était point réservée à ses collègues *Bonnier* et *Roberjot*, ils restèrent étendus sur la place.

Ainsi le soleil n'éclaira point ce crime inconnu à l'histoire, et qu'en frémissant elle écrira pour la première fois; ou peut-être, les abominables sicáires qui furent chargés de ce massacre, eurent-ils besoin de s'envelopper des ombres de la nuit pour l'exécuter avec plus de méthode et de sang-froid; car toujours les assassins ont eu besoin des ténèbres.

Tyran abominable! monstre altéré de sang humain! C'était assez d'avoir excité le peuple de ta capitale à assassiner notre premier Ambassadeur, pour te rendre odieux aux Nations; il était inutile d'aller chercher de nouvelles victimes sur le parvis du sanctuaire de la paix.

Mais as-tu pu croire que cette violation du droit des gens resterait impunie, et que l'Europe verrait d'un œil tranquille un forfait qui ôte aux Peuples la garantie de leurs droits réciproques, et anéantit les principes de leurs liaisons mutuelles; et si même une apathie aussi déshonorante pouvait exister, as-tu pu croire qu'il y eût un seul Français qui n'ait frémi de colère en apprenant l'outrage qu'il venait de recevoir dans la personne de ses Ministres de paix, et qui n'ait juré de s'en venger? Cesse de te faire illusion, écoute la voix des Euménides, elle te dira qu'une accusation générale pèse sur ta tête, que le cri de la vengeance s'est fait entendre simultanément sur tous les points de la République Française, et que le glaive d'une justice éternelle, est suspendu sur la tête des grands coupables.

Alexandre fit passer au fil de l'épée les habitans de Tyr, pour avoir insulté ses Ambassadeurs. Une reine barbare assise sur le trône que tu occupes, en fut renversée et mise aux fers, pour avoir, comme toi, fait égorger les Ambassadeurs du peuple Romain ; voilà le sort qui t'attend.

Français, vouloir stimuler votre courage en ce moment, serait mal vous connaître. Vous avez présenté l'olive de la paix, et on vous l'a renvoyée teinte du sang de vos Ministres : votre honneur vous ordonne d'accepter ce cartel affreux. Depuis long-temps vous avez appris à l'ennemi qui vous provoque, ce que pouvait votre valeur. Répondez en ce jour aux désirs des peuples épouvantés, en vous hâtant de laver dans le sang autrichien l'outrage que vous avec reçu.

Déjà les phalanges républicaines se forment de toutes parts sous les drapeaux de la vengeance, et les enfans de la patrie ont entendu la voix de leur mère. Jeunesse belliqueuse, que rien ne vous arrête, quittez à l'envi vos foyers, couvrez encore une fois de vos cohortes, le territoire de votre ennemi, écrasez-le sous les débris de son palais, et que la pierre qui couvrira sa tombe, apprenne aux nations que l'on n'outrage pas en vain un peuple libre.

Voilà, citoyens, l'exemple que nous avons à donner si nous voulons avoir une paix solide, et transmettre à nos enfans cette réputation glorieuse que nous nous sommes acquis ; mais lorsque nous nous préparons à tout sacrifier pour notre bonheur et notre gloire, que les lâches qui ne sont français que de nom, n'espèrent point la partager. Si le législateur a voulu que l'on fît connaître dans cette cérémonie, les braves qui sont allés venger notre outrage, il a également ordonné que les noms de nos Thersites modernes soient voués au mépris ; il eut été sans doute bien consolant pour l'Administration de n'en avoir aucun de cette espèce à proclamer, mais dans une famille nombreuse est-il possible que tous les enfans se ressemblent.

Citoyens, après vous avoir parlé de l'assassinat commis à Rastadt, sur nos Plénipotentiaires *Roberjot* et *Bonnier*, et des devoirs que nous avons à remplir pour appaiser leurs mânes, il me reste à orner leurs tombes de quelques guirlandes que les amis sincères de la patrie, arroseront avec moi, des larmes de la reconnaissance.

Si les circonstances qui ont accompagné la vie de ces estimables Républicains étaient plus connues, ou plutôt si la modestie du sage ne lui faisait pas rechercher l'obscurité, ce serait ici l'occasion de vous entretenir des vertus et des talens de ces deux hommes, dont les noms seront chers à la postérité; mais dans la crainte de rendre avec infidélité des traits qui n'ont encore été que légèrement esquissés, abandonnons cette tâche à leurs amis, à leurs concitoyens, en attendant que le burin de l'histoire ait fixé la place que *Roberjot* et *Bonnier* doivent occuper dans le temple de mémoire.

Quant à présent, qu'il nous suffise de savoir que nos deux Ministres, après s'être montrés dès l'aurore de la révolution les plus zélés partisans de la liberté, furent, à des époques différentes, choisis par leurs concitoyens pour les représenter dans le Corps législatif.

Les différentes crises qui accompagnèrent le renversement politique que nous avons opéré, ayant donné occasion à ces dignes Représentans de manifester le zèle, le courage et les lumières qu'ils apportèrent pour soutenir la cause dont ils avaient embrassé la défense, ils ne tardèrent pas à être mis au rang de ces hommes privilégiés qui ont reçu de la nature cette sagesse, cette fermeté de caractère, et cette finese de discernement qui conviennent dans les grandes discussions diplomatiques. Aussi, à peine le Directoire fut-il purgé des agens du royalisme que l'on avait perfidement placés dans son sein , qu'il jeta les yeux sur *Roberjot* et *Bonnier*, pour leur confier les transactions les plus importantes. Citoyens , c'est lorsqu'ils remplissaient cette tâche honorable que la mort, l'impitoyable mort, conduite par la main d'un tyran, est venu les poignarder ! . . . . Les poignarder ! . . . ma raison révoltée ne peut s'accoutumer à cet attentat, et des larmes d'indignation succèdent de nouveau à celles de la douleur !

Le voilà tout entier ce roi , aux pieds duquel des hommes qui offensent à-la-fois la raison et son auteur, ne rougissent point de se prosterner : quelle divinité, grand Dieu ! que celle qui n'offre à la vénération des hommes que l'assemblage de tous les crimes.

O vous ! qui fûtes assez insensés pour regretter le Gouvernement monarchique , que l'attentat de Rastadt vous serve de leçon. Si une honte déshonorante pouvait encore affaiblir le juste sentiment d'horreur que vous éprouvez, hâtez-vous de vous en dépouiller ; vous êtes hommes comme nous , comme nous aussi vous sortîtes libres des mains de la nature. Ayez donc enfin le courage de vouer aux furies, l'infame nom d'un tyran sanguinaire, et que vos voix viennent s'unir aux nôtres pour nous écrier de concert : *GUERRE A MORT AU GOUVERNEMENT AUTRICHIEN , QUI, LE 9 FLORÉAL A FAIT ASSASSINER PAR SES TROUPES NOS MINISTRES DE PAIX !*

VENGEANCE ! VENGEANCE !

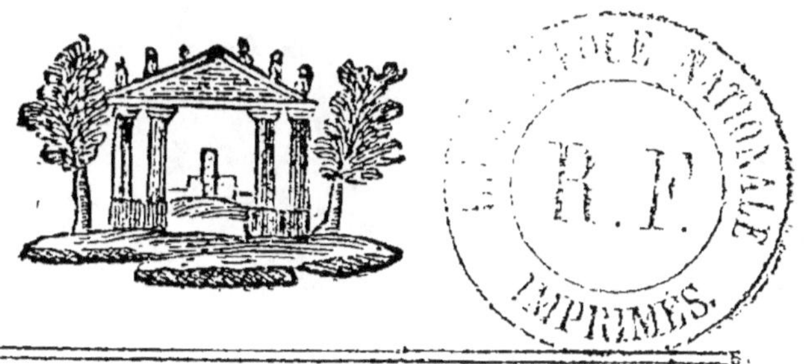

A DOUAI , de l'Imprimerie du citoyen GAUTIER.